Ilka Brüggemann kam 1968 zur Welt und wuchs mit Bruder, Schwester und Hund in Amelinghausen bei Lüneburg auf. Auf dem platten Land wurde Plattdeutsch gesprochen, zunächst ohne tiefgreifende Auswirkungen. So studierte sie nach dem Abitur Anglistik und Politikwissenschaft in Hannover und Marburg, sammelte nebenbei Erfahrungen im Kellnern und im Journalismus und fand nach einigen Zwischenstationen schließlich beim Radiosender NDR 1 Niedersachsen ihr berufliches Zuhause. Als rasende Reporterin entdeckte sie ihr Herz für das Alltagsgeschehen, für Menschen und Marotten: „Oft viel spannender als die Politik". Ilka Brüggemann moderierte verschiedene Magazinformate und Plattdeutschsendungen. Sie wurde Redakteurin, bekam zwei Kinder, absolvierte nebenbei ihre Promotion in Politikwissenschaft („Man soll Dinge immer zum Abschluss bringen") und übernahm schließlich die Plattdeutschredaktion. Sie ist immer mit einem Notizbuch unterwegs und lässt in ihren Sendungen und der Rubrik „Hör mal´n beten to" ihrer Alltagsentdeckungsfreude freien Lauf, freut sich bei öffentlichen Lesungen „ein Loch in den Bauch, wenn es den Leuten Spaß macht" und findet, man sollte allen Widrigkeiten des Alltags „zäh, aber mit Humor" begegnen.

Ilka Brüggemann

Is dat to glöven!

Quickborn-Verlag

Die plattdeutsche Schreibweise der Autorin ist unverändert übernommen worden.

ISBN 978-3-87651-432-1

Umschlagfoto: Wilfried Hein
Umschlaggestaltung: Günter Pump, Nordhastedt
Gesamtherstellung: CPI books GmbH, Leck
Der Umwelt zuliebe
auf chlorfrei gebleichtem Papier gedruckt
Printed in Germany

Inhalt

Phantomstau 7
An de Tanksteeg 10
Damp afloten 13
Ik heff di so leef 15
Fastfood 17
Fotomanie 20
Kantüffelsalat 22
Flächenbereken 25
Wat en Beleevnis 27
Wesseljohren 30
Dat Öller passt nie 32
Ut Kinner warrt Lüüd 34
Vöruurdelen 37
Feine Kollegen oder De Loopmasch 39
Överreguleert 42
Seker is seker 45
Slaap goot, mien Lütt 47
Proberen geiht över Studeren 50
Wenn de Katt Geboortsdag hett 54
Flatrate 57
Rabattterror 59
Klimaausgleich im Hotel 62

De Keenreakschoon 64
Internetwerbung 66
Flirtkompass 68
Köter un Erotik 71
Partyferkel 74
De Loofpuster 77
De Bostgalerie 79

Phantomstau

Wenn een veel mit dat Auto ünnerwegens is, denn blifft dat nich ut: Jümmer wedder steckt een fast op de Autobahn, in`n Stau. Un dor kann ik mi so richtig argern, wieldat dat meisttiets ja keen Grund dorför gifft! Du steihst oder tuckerst in'n ‚Stop and Go' so vör di hen, kilometerwiet, un denkst: Na, jichtenswann mutt de Bosteeg ja kamen. Oder de Unfall. Man dor kummt reinweg nix, un mit eens geiht dat flott wieter, as wenn nix ween weer. Dat is nich to glöven!

Nu heff ik rutfunnen, dat sik düt Phänomen, wenn ohn Grund nix mehr geiht op de Straat, ‚Phantomstau' nöömt. Klor hett de ok Oorsaaken, to`n Bispeel düsse döösbarteligen Abruptbremser, de Överholspurblockeerer un de Fohrers op de Mittelspoor: De klammert sik an`t Stüer, kiekt stur na vörn, nie na achtern un al gor nich in`n Rüchspegel un denkt sik de ganze Tiet: „Ik fohr hier blots in de Mitt, rechts sünd de Laster, links de Raser, hier in de Mitt kann mi nix passeeren - un ik mutt nich

överhalen, ik bliev fein hier in de Mitt.“ Un verstoppt de Mittelspoor mit Tempo Hunnert. Blinkphobiker sünd dat, besten Dank ok. Un denn steihst du dor in`n Stau un argerst di, wieldat du ja nich weetst, worüm du dor steihst. Wetenschaftlers hebbt rutfunnen, dat sik de Lüüd beter föhlt, wenn se den Grund för den Stau kennt. Un dor is wat an! Wenn se in`t Radio seggt: „Op de A7 twüschen Hannober un Hamborg teihn Kilometer Stau vunwegen en Unfall“, denn kann ik dor ok beter mit ümgahn! Mit`n beten Glück kriggst ja wat to sehn na teihn Kilometer, hest so`n beten Spannung as Utgliek för de elende Tööverei! Bi so en Ansaag reeg ik mi nich mehr so op.
Nu hebbt Wetenschaftlers noch wat rutfunnen: In Amerika hebbt de Hurricanes, also düsse legen Wirbelstorms, Namens. So as bi us de Orkane dat ok hebbt. Un dat is so, dat de Lüüd nich so bang sünd, wenn so en Storm en Froonsnamen hett! Also bi „Ellie“ sünd de Lüüd nich so bang as bi „John“, ok wenn de gliek gefahrlich sünd. Gediegen, oder? Nu heff ik mi överleggt, bi düsse psychologische Wirkung, viellicht weer dat ja ok mal en Idee för use Staus?
Ansteeg vun „Op de A7 twüschen Hannober un Hamborg fiev Kilometer Stau“ künn dat

doch in`t Radio ok heten: „Op de A7 twüschen Hannober un Hamborg mööt Se jüst en beten Tiet mitbringen, Elsbeth töövt dor op Se, un de is nu grad fiev Kilometer lang.“ Ja, ik glööv, mit Elsbeth dä mi dat ok beter gahn in`n Stau. Vun mi ut ok wat moderner, „Chantalle“ oder „Jackeline“.

Man denn heff ik noch mal nadacht. Ik stell mi vör, ik sitt tohuus un mien Kierl is ünnerwegens. Dat is al laat un ik tööv ok al lang mit dat Eten, un denn röppt he an un seggt: „Schatz, kann laat warrn vunavend - ik steek noch in Chantal fast.“ Ik glööv, dor dä ik mi denn doch wedder bannig opregen!

An de Tanksteeg

Bi us op de Eck hett en niege groote Tanksteeg openmaakt, mit Grillparty, Musik un Hüpfburg för de Lütten. Tanken kunnst den Dag natürlich nich, weer ok beter so wegen de Kinner. Man so weer dat en poor Weeken lang: Keen Sprit. Liekers weren dor jümmer en Masse Lüüd, un ik heff mi jümmer wunnert in't Vörbigahn, wat de so lang dor binnen blieven deen. Denn bün ik sülvens mal ringahn, in den Shop, ik wull en niege Straatenkort köpen. De heff ik ok fix funnen, glieks blang de Döör. Un dor stünn ok en Geldautomat. ‚Minsch,' heff ik dacht. ‚Bargeld kannst bruken, muttst nich eerst na de Sporkass henlopen.' Denn güng ik so dör, langs de Regale. Gummibärchen? Harr ik wull Appetit op, un Kantüffelchips, un en Tafel Schokolaad, wo ik al mal hier weer. Na, dat geev denn aver wiss ok Döst, also glieks noch en Flasch Saft mitnehmen. Sprit geev dat nu ok - to`n Drinken. Un denn seeg ik dat Tiefkühlregal. Dat keem mi fein topass, ik wüss sowieso noch nich, wat

ik den Dag koken schull. Mal so`n ‚Fertiggericht' geiht ja. Mehr kunn ik denn ok nich dregen, nu man af to de Kass. Op den Weg full mi noch de niege Utgaav vun mien Froonsblatt op, de möss noch mit. Ik heff denn betahlt un bün torüch na Huus.
Un denn weer ik öfter mal dor. Tanken kunnst intwüschen ok, un dat weer ja so praktisch, glieks en beten intoköpen. De Tanksteeg is even direktemang bi us üm de Eck, to`n Supermarkt bruuk ik länger. Un in düssen Shop gifft dat ja ok allens: Sogar an`n Sünndag frische Brötchen, un Kauken un Kekse, wenn unverhofften Besöök kummt. Ganz prima. Wenn du to Swiegermoder inlaadt büst un hest Blomen vergeten: Fix mal röver na de Tanksteeg. Keen Klopapeer mehr? Denn roop ik mienen Kierl bi de Arbeid an, he schall op den Heimweg wat mitbringen vun de Tanksteeg. Ach, Teenpasta ok glieks. Waschpulver, Zucker, Batterien - bi düsse Tanksteeg gifft dat allens! Inkööpszetel, dormit en in`n Supermarkt nix vergeten kann? Bruukt wi nich mehr. Is nich so leeg, de Tanksteeg hett ja jümmer open, ok avends. Tanken doot wi ok af un an, un denn kriggt dat Auto ok en fein „Tigerwäsche".
Sogar an usen Hochtietsdag hebbt mien Kierl un ik us dor dropen - an de Tanksteeg! Beid

harrn wi dat vergeten, he wull jüst Blomen köpen un ik en fein Füertüüg för em. Wat hebbt wi lacht! Dat is al praktisch, so`n moderne Tanksteeg an de Eck!
Blots köttens weer ik en beten enttäuscht. Ik harr en Platten an`t Auto, wi wullen den Reifen wesseln, un de Wagenheber - tja, de weer nich to finnen. Keen Problem, ik bün fix losgahn to de Tanksteeg. „Gooden Dag, köönt Se mi mal even en Wagenheber utleihen?“ De jung Fro an de Kass keek mi an. „En Wagenheber? Nee, sowat hebbt wi hier nich. Aber wullt Se vielleicht en frische Tass Koffie?“
Wull ik nich, ik bün denn mit`n Rad hen na`n Supermarkt, inköpen. Un wat schall ik seggen? Dor harrn se jüst Wagenheber in`t Angebot. Is dat to glöven?

Damp afloten

Ik heff en patenten Kierl - de kann waschen, plätten, so`n beten Handwark geiht ok – man inköpen is nich so sien Ding. Vör allem bi technische Geräte schickt he mi giern los. Un so heff ik köttens dat „Steam Iron SX 83-70“ mit na Huus bröcht. Hört sik so`n beten martialisch an, sütt ok `n beten so ut – dat is us nieget Plättiesen. Un ik arger mi so, dat ik utrekend dat köfft heff! Ik geev ja to, dor weer en plietschen Verköper an`t Wark, de hett mi övertüügt - oder överreedt? Löppt op`t Glieke rut. Liekers heff ik natürlich op de Qualitätsmerkmale oppasst, de ik mi vörher opschreven harr. Ik heff also achtgeven, dat an dat niege Plättiesen en Knopfnut an weer. Dat is so`n lütten Spalt ünnenrüm, so kannst beter üm de Knööp rümplätten. Un denn de Sohl: „Cross Steam Keramik“ - dat hör sik gediegen an! „Un denn,“ heff ik seggt, „mag ik dat ok nich, wenn dat jümmer so nakleckert, wenn de Damp rutkummt.“ Nee, deiht dat nich. Düt Plättiesen hett en „Tropfstop“. Un denn de

Dampdüsen ünner de Sohl: Överall sünd de lütten Lökers - kummt Damp rut as bi so`n ole Diesellok mit veele Schüffeln Koks in`n Ketel! Us Plättiesen „Steam Iron SX 83-70“ hett nämlich egens en Dampgenerator!
Kiek, un dat is jüst dat Problem. Us nieget Plättiesen brummt. Tämlich luut. Un jümmer, wenn mien Kierl ünnen in de Wohnstuuv an`t Plätten is, un ik bün baven in de Arbeitsstuuv, denn hör ik dat. Un dat hört sik jüst so an as de vullautomatische Koffiemaschien, de ik annerlest köfft harr. Un so is mi dat passeert. „Oh, he maakt Espresso,“ denk ik un suus de Trepp rünner. „Ik will ok en Espresso, Schatz, dat is en super Idee! - Oh. Du büst blots an`t Plätten!“ Mien Kierl kiekt mi lang an. „*Blots* an`t Plätten?!“ fragt he. Un denn höllt he dat Steam Iron SX 83-70 mit de vertikaal Damputstöttfunkschoon na baben in miene Richt un drückt op en Knoop: „Powerstoß!“ En Dampwulk kummt op mi torast, so mutt dat bi`n Vulkanutbruch ween hebben, 2010 to`n Bispeel, dor op Island bi`n Eyjafjallajökull! „So heff ik dat nich meent!“, bölk ik em noch to un bün ganz fix wedder trüch an mienen Schrievdisch. So en Höllenmaschien, dat SX 83-70 - man tominnst kann mien Leevsten mit dat Plättiesen Damp aflaten, wenn`t nödig is.

Ik heff di so leef

En Schokolaadfirma harr opropen, in en mööglichst langen Breef sien Leevde to verkloren. Kunnst en Urlaub för twee Lüüd winnen. Dat weer doch mal wat!
Also heff ik mi Papeer un Stift nahmen, mi hensett un anfungen. „Mien leve Schatz," heff ik schreven. „Ik heff Di vun Harten leef. Nu sünd wi al so lang tosamen un ik heff Di jümmer noch nich över." Naja. Meisttiets. „Du büst mien Leevsten. An Diene Marotten heff ik mi wöhnt." To`n Bispeel, dat du de Herrscher vun de Fernbedienung büst un eenfach ümschaltst, wenn di wat nich gefallt. Ohn mi to fragen. Oder dat du jümmer noch een Blatt op de Klopapeerrull överlettst - dat du de ok ja nich utwesseln muttst!
„Ik heff Di leef, un ik wull Di al lang mal seggen..." - ja, wat? Dat ik mi jeedes Mal so arger, wenn du morgens Larm maakst, wieldat ik noch schlapen kunn? Wenn du avends diene schwore Jeansbüx op miene Siedenbluus schmittst, so dat ik de wedder plätten mutt?

Nee. „Dat ik Di vun Harten leef heff, dat wull ik Di seggen. Wat ik an Di besünners mag is Dien Humor.“ Blots wenn Besöök dor is, denn geiht de ja meisttiets op miene Kosten.

„Nu künnen wi mit düssen Breef en Reis winnen. Un dorüm wull ik Di mal seggen, wo leef ik Di heff.“ Man - verreisen heet ja, dat ik mi üm allens kümmern mutt. Allens organiseeren. De Nabers fragen, ob se us Katt un de Blomen versorgen köönt, dat Blatt afbestellen, Köhlschapp utrümen un de Kuffers packen. Mit all Gedööns.

„Mien leeve Schatz, ik heff Di vun Harten leef, man ...“ - Leeve Schokolaadlüüd, wenn ik mit düssen Breef vull Leevde winnen schull, künn ik de Reis denn ok alleen maken? Anners schickt mi man den Gegenwert in Naturalien. Beste Gröten.“

Fastfood

Eten is Leven - un Eten is Levenstiet. Un wieldat wi ja jümmer minner Tiet hebbt, gifft dat al lang Fast-Food, rasant Eten. Man as wi mit de Kinner op en längere Tour in so en Fast-Food-Restaurant inkehrt sünd, weer dat för mi de reine Katastrophe. Ik sä to de Deern an`n Schalter: „Tweemal de Kinnertüüt", dor güng dat al los. Pommes oder Kantüffelringe? Ketchup oder Currysoß? Burger oder Hähnchennuggets?

Dat harr ik noch henkregen, nu wull ik för mi wat to eten hebben. „Pommes un en Hähnchenburger bitte". „As Maxi oder Sparmenü?" Ik: „Nee, blots Pommes un en Burger. Un en lütte Cola." „Man as Menü warrt dat billiger," sä de Deern achtern Tresen. „Ach so, na denn nehm ik dat as Menü, kloor." „Oder Se nehmt dat Akschoonsmenü. Mit groote Pommes." Nee, ik wull man blots lütte Pommes. Un en lütte Cola. Man dor harr ik mi verdaan. „Menüs gifft dat blots mit groote Getränke." „Ach so - ja, denn viellicht

doch eenfach en Burger un lütte Pommes un en lütte Cola?“
Dor full mi wat in`t Oog: „Alles 1 Euro“ stünn op en Lüchtreklaam. Na, dat weert doch! „Dat will ik hebben,“ sä ik vull Freid. „En Burger för een Euro un Pommes för een Euro un en lütt Cola för een Euro.“ Se schüttköpp. „För een Euro gifft dat wat to dat Supermaximenü dorto.“
Nu verkloor mi mal, worüm jichtenseen to en Supermaximenü noch wat dorto bruukt! Ik heff opgeven. „Geevt Se mi wat, vun dat Se denkt, dat dat för mi dat Beste is.“ Se tipp den Kram in eer Kass. Man noch harr ik dat nich schafft. „Un för mienen Mann en Fischburger.“ „Spar oder Maxi?“ „Nee! Blots en Fischburger, sünst nix. Un een Tass Koffie!“ „Medium oder groot?“
Dunnerslag, nu harr ik de Nees aver meist vull! „Wat is denn medium?“, wull ik weten. „Tja, normal even,“ sä de Deern. „Wat weet ik denn, wat hier normal is - hier is doch nix normal!“ Ik kann dat nich verheelen, ik bün so`n beten wat luut worrn. Se wies mi en lütten Pappbeker: „Also, dat weer nu för een Euro“. „Wie een Euro? Ik denk, för een Euro gifft dat blots wat to so`n bekloppt Extra-Super-Spar-Maximenü dorto?!“ „Se köönt ok dat vegeta-

risch Spezialmenü hebben, dor is en Koffie dorbi.“ Nu harr se mi sowiet. „Hört Se op, dat langt. Ik nehm de beiden Kinnertüten un mien Eten.“ Heff betahlt un bün to usen Disch taumelt. To mienen Kierl heff ik seggt: „Dien Eten kannst du di sülvens halen. Ik gah dor nich mehr hen! Nienich wedder!“

Un nu fraag ik mal iernsthaftig: Wat is denn dor fix bi „Fastfood“? So lang bruuk ik sünst nie, üm wat to Eten to bestellen! Man viellicht bün ik ja ok eenfach to langsam för Fastfood.

Fotomanie

In mienen Urlaub geev dat den enen Avend so`n fein Buffet, nix Besünners egens, Salate un Gemöös, Fleesch un Söötkram. Ik harr Smacht, man dor weer ierstmal keen Rankamen mit mienen Töller - de Lüüd stünnen dor un weren an`t Fotografeeren! Jedeen Schötel un jedeen enkelte Praline möss in´t rechte Licht sett un knipst warrn. Kannst di vörstellen, wo lang dat bi üm un bi hunnert Lüüd duert?
Un as ik dor so stünn mit mienen leddigen Töller heff ik mi fraagt: Worüm maakt se dat? Wüllt se tohuus de Kalorien utreknen, de se sik in`n Urlaub anfreten hebbt? Dat süht een doch ok so an de lütte Speckrull över de Büx. Oder schall dat en Anreiz ween för en Diät? Sitt de in`t Fröhjohr tohuus, starrt de Biller vun Swiensbraan un Vanillecreme an un denkt: „Kiek, wenn ik nu fein smachten do, denn kann ik dat tokamen Mal allens wedder eten!“?
Wat maakt de mit de veelen Biller vun Kantüffeln un Kauken? De Navers wiesen? „Kiek

mal, us Urlaub op Mallorca. De Salat, so frisch! Un hier - de Pute weer en Gedicht. Un de Schokopudding - is de nich wunnerbor?“ Ja. Un wo weert sünst? „Sünst? - Och, ja, fein.“

Un so stünn ik dor den Avend, in de Schlang an`t Buffet, mit mienen leddigen Töller, smachtig un de Ogen an`t Plinkern vun wegen dat veele Blitzlicht. Also, wenn Boddercremesnitten wat föhlen kunnen, de harr`n sik föhlt as Julia Roberts op `n roden Teppich bi`n Oscarverleihung. Un ik heff blots dacht: „Kinners, köönt ji nich ganz normal de Kinner an`n Strand knipsen, de Kierl in siene Badebüx oder de Fro in`n Bikini?“ Dat sünd doch Urlaubserinnerungen, dat kiekt en sik doch giern an.

Man denn heff ik mi ümkeken un heff vun so`n poor Schnitzelknipser de Kinner, de Fro oder den Kierl sehn, un dor harr ik Verständnis mutt ik seggen, un heff dacht: „Naja, dat Eten hier is aver ok wirklich fein antokieken“. Mahltiet!

Kantüffelsalat

Fröher, as ik noch eten kunn soveel as ik wull un nich tonahmen heff, dor weer mien Motto: „Sport is Mord“.
Mit eens harr mi de Personenwaag de Fründschaft opkünnigt. Ik heff allens versöcht, üm düsse Fründschaft wedder to kitten. Ik heff mi blots noch nackig op de Waag stellt, blots noch morgens vör`t Eten, un denn ok vör`t Duschen, wieldat natte Hoor ja ok mehr wiggt, ik bün sogar vörher noch mal op Tante Meier - allens rut ut den Körper, wat dat Ergevnis verfälschen kunn. Ik heff mi sogar de Been raseert vör düssen Gang na Canossa. Hett allens nix nützt.
Also heff ik mi in so`n Fitness-Studio anmeldet. To`n Zirkeltraining an Geräte. „För jedeen Körperpartie is wat dorbi,“ hett de jung Fro dor seggt. Kinners, ik harr ja gor nich wüsst, woveel Körperpartien een so hett - bet ik mi na dat eerste Mal annern Dag meist nich mehr rögen kunn.
Man as ik na dat Training na Huus keem, natt

vun Sweet, weer de Reakschoon vun mienen Leefsten: „Wow, hest aver ordentlich traineert, wat?“ För düsse Bewunnerung harr sik de Wracherei lohnt. Ik harr Smacht, man ik bün iesern bleven.

Bi`t tweete Mal is mi opfullen, dat düsse Foltergeräte di wiest, woveel Kalorien du verbrukt hest, dor heff ik op Acht geven. As ik na Huus keem, harr ik wedder so`n Smacht - un kiek, de Kalorien, de ik verbrennt harr, de passen jüst tohoop mit de Angaav vun de Schötel Kantüffelsalat in`t Köhlschapp, un in Kantüffelsalat kann ik mi rinsetten! Weer ok en Belohnung.

Bi`t nächste Training heff ik so`n lütten Opdruck op dat Fohrrad lest. „Bei Unwohlsein sofort stoppen. Übermäßiges Training kann bis zum Tode führen.“ Unwohlsein? Ja, dat harr ik, definitv! Also doch. Sport weer Mord! Ik stantepee rünner vun dat Ding un af na Huus. Dor weer mien Kierl un sä: „Na, mien Deern - so`n beten Belohnung mutt ja ween.“ Un wies mi de Schötel mit Kantüffelsalat, de he extra köfft harr. Oh, ik harr so`n schlecht Geweten, man ok groden Smacht.

Annern Dag ik wedder rin in de Folterkamer. „Na, Se sünd ja flietig dorbi,“ sä de Trainerin. „Woveel wullt Se denn vunavend traineeren?“

Ik möss nich lang nadenken. „Een Kantüffelsalat lang,“ heff ik seggt un mi todesmutig op de Gerätschaften schwungen. „Seggt Se mal,“ heff ik vörsichtshalver fraagt, ik wull ja doch seker ween. „Hebbt Se al mal hört, dat jichtenseen vun Kantüffelsalat doodbleven is?“ Se keek mi gediegen an. „Nee.“ „Na,“ heff ik seggt, „denn schall ik wull ok nich de eerste ween.“ Un heff wiederstrampelt. Un dat do ik jümmer un jümmer wedder. Nich för de Gesundheit. Nich för de Waag, de heff ik in`t Schapp packt. Ik knecht mi af för Kantüffelsalat!

Flächenbereken

Dat geiht mi al länger so, dat ik mit männicheen Kosmetikkrams, so as Duschgel un Körperlotion, nich mehr so lang utkamen do as fröher. Ik heff ja mienen Kierl in Verdacht hatt, dat he dorvun ok wat nimmt. Kierls nehmt ja jümmer glieks en heele Hand vull - na dat Motto ‚Veel hölpt veel'. Man he seggt, he geiht dor nich ran. Un miene Deerns? De kööönt sik wiss wat Beteres vörstellen as de Körperpleegprodukten vun Mutti.

Viellicht hebbt se wat an de Rezepturen ännert, dat weer miene nächste Idee. Warrt ja allens dürer oder de Tiegels un Pullen warrt lütter, man bi de Verpackungsgrött un den Pries vun mienen Krams is nich veel passeert. Dat is de Grund! Wiss is dat nu so vermengeleert, dat een mehr dorvun bruukt! Man wenn ik ehrlich bün: Dat is en snacksche Idee, dat kann`t ok nich ween.

Un so heff ik nochmal lang nadacht, worüm ik mehr Creme un Gel un allens bruken do as

fröher. Jichtenswie duert dat Insmeren ok länger, dücht mi.
So bün ik denn dor op kamen: Dat liggt an miene Bavensiet. An de „Körperoberfläche". Ik heff dat utrekend, mit en viggeliensche Formel in`t Internet, wo een Gewicht un Grött ingeven mutt. Rutkamen is: Bi mi sünd dat nu 1,83 Quadratmeters, op de ik wat smeren kann. Vör en poor Johren weren dat - tööv mal - miene Grött is de glieke ween, Gewicht weer - oh. So, miene Körperoberfläch vör en poor Johren weer also 1,76 Quadratmeters. Denn sünd dat nu 700 Quadratzentimeters mehr! Dat kann ja gor nich ween. Wo sünd de denn wull ünnerkamen bi mi? Ik heff doch nich anboot, keen drütten Arm oder en tweeten Achtersten. Man jüst as ik mi opregen will, in düssen düstern Momang, hör ik miene innere Stimm, un dat Aas seggt: „Na, de Büxen un Blusen, de du in de verleeden Johren utsorteert hest, sünd ja wull nich schrumpft, sünnern du büst -"
„Halt! Stop!", heff ik ropen. „Kann nich tominnst mien egen Ik `n beten charmanter to mi sülvens ween?" Un denn bün ik los, inköpen. Duschgel un Bodylotion un so wat. Man düt mal in Familiengrött...

Wat en Beleevnis

Ik heff en feinen Ehemann. De will, dat ik mi in`n Urlaub wat gönnen do. He seggt, ik heff in`n Alldag so veel to doon, dat blots Urlaub nich langt, ik schall denn noch mal wat Besünners hebben oder utproberen, bavento.
Nu weren wi baven an de Küst, bummeleern so langs de Geschäfte, un in`t Finster vun en Schohgeschäft lachen mi bannig schicke Stebels an, heel modern, mit teemlich hoge Hacken. De wull ik mi wull gönnen. Ik also rin un anprobeert. Se gefallen mi goot. Man miene beiden Deerns keken mi skeptisch an un de een sä denn vörsichtig: „Is dat würklich wat för di, Mama?“ Dor harr ik de Lust an de Stebels verlorn.
De Urlaub weer denn meist rüm un mien Hartallerleefsten sä: „Du hest di noch gor nix Besünners gönnt! Nu man los!“ Is würklich so`n Marotte vun em, aver sööt, oder? Dor heff ik mi to en Kosmetikbehandlung anmeldt` in`t Hotel. Harr ik noch nienich maakt, mi weer ok so`n beten bang, wat dor

nu wull op mi tokamen schull. Ik also rin in dat „Behandlungszimmer“. Weer en gediegen Atmosphäre, dat dä mi gefallen. Man denn sä de Kosmetikerin: „Treckt Se sik bavenrüm mal ut.“ „Wieso?“, heff ik fraagt. „Kummt glieks en Dokter?“ Nee, ik möss mi henleggen, se hett mi in Handdökers inwickelt un denn fung se an, wat op mien Gesicht un Dekollete rüm-tosmeeren. „Oh, Se hebbt aver dröge Huut.“ „Ja,“ sä ik. Se denn: „Un Couperose.“ „Aha“. Wat harr ik? „Se gaht nich so oft to de Kosmetik?“ „Nee.“, sä ik. „Ja, dat kann ik sehn.“ Ik harr mi noch nienich so old un runzlig föhlt as nu. „Nu gifft dat en Tiefen-reinigung,“ sä se, un ik möss an mienen olen Teppich in de Wohnstuuv denken.
Mit eens maak dat „pitsch“ un „patsch“ un ik harr twee natte Padden op de Ogen - un se weer weg! Ik op düsse Ligg, fast mit beid Arms binnen in Handdökers inwickelt, kunn mi nich rögen un nix sehn. Allens weer still, blots in`n Achtergrund düsse Dudelmusik. Entspannung schull dat nu wull ween. Man ik weer jichtenswenn bang, dat se mi vergeten harr. Ik kunn nich na Hölp ropen - se harr mi ok op de Lippen wat opkleistert, un ik wüss ja nich, ob een dat nu unbedingt in`n Mund

kriegen schull oder nich. Dat weer mi allens nich geheuer!
Ik weer kott för`t Dördreihen, dor weer se doch trüch. Ik kreeg noch dick Creme in`t Gesicht smeert - („Dat is egens för de Nacht, man Se köönt dat bruken“) - un mit en ganzen Batzen Euros minner in de Tasch, en roden Kopp vun de Opregung un dat veele Smeeren weer ik mit blanke Nees un fettig Gesicht trüch in us Slaapstuuv in`t Hotel. „Na, mien Söten, nu hest di ja doch noch wat gönnt! Un - weert schön?“ keem dat vun mie-nen Leefsten. „Naja,“ sä ik. „Seggt wi mal so. Dat weer en Beleevnis. Man tokamen Mal, dor kannst op wetten, kööp ik de schicken Scheuh!“

Wesseljohren

Wenn Froonslüüd in en bestimmt Öller koomt, denn is jüm dat jümmer to hitt oder to kold, se sünd af un an gnatterig, denn wedder heel opdreiht. Dat wesselt eben so`n beten, dorüm heet dat ja ok Wesseljohren.
Nu gifft dat Medikamente, de dat so`n beten afmildern schüllt. Wat mien Kierl is, de weer dor ja nich för. Köttens stünn dor wat in`t Blatt över. „Schatz," heff ik seggt. „Wenn dat bi mi sowiet is mit de Wesseljohren (he keek mi verbaast an), denn nehm ik Pillen in, mit de mi dat denn beter geiht." „Wieso dat denn?", hett he fragt. „Dat is doch en natürlichen Vörgang, dor mutt een doch nich mit Chemie gegen-angahn!" Ik denn: „Du hest klook Schnacken! Kiek mal, wat hier steiht: In de Wesseljohren klagt veele Froonslüüd dor öber, dat de Denkleistung nich mehr so goot is, se koomt in`n Tüdel." Seggt he doch glatt: „Denn büst du ja al in de Wesseljohren, sietdem wi to-samen sünd. Dor hölpt denn ok keen Medi-kamente."

Dat hett seten! „Un denn,“ segg ik, „denn warrt de Wortschatz lütter - ik kunn denn nich mehr so schnacken, as ik dat will.“ „Nich mehr so veel schnacken? Toll!“, seggt he un grient. „Muttst ok nix innehmen för.“ Dor weer ik brastig un heff seggt: „Un denn is dat ja wull in de Wesseljohren ok mit de Libido nich mehr so bi us Froons.“ „Mit wat?!“ „Na, mit Kuscheln un Sex. Also - kuscheln möögt wi denn wull noch, seggt de Wetenschaftlers, man dat annere...“. Dor keek he mi an, kreeg groote Oogen un sä: „So. Also, wenn de Dokters nu so Medikamente hebbt dorgegen - denn hol di man doch welke, wenn`t sowiet is. Ik meen, ik will ja nich, dat du nich mehr so veel schnacken kannst, as du dat wullst.“

Dat Öller passt nie

Wenn ik ehrlich bün, heff ik al jümmer vun so`n smuck Cabriolet dröömt. Jümmers, wenn ik op de Straat achter en herfohr, denn kummt in mi Sehnsucht op. So´n schnittig Auto, wo ik denn, wenn de Sünn rutkümmt, allens opklappen un lässig mienen Arm op de Fohrerdöör lehnen kann, en groote Sünnenbrill op de Nees. Un vielleicht so`n Siedendook üm`m Kopp wickelt, dat flattert in`n Wind. As bi so`n Filmstar! Un denn middenmang dör de Stadt, dat weer doch groot Kino! Heff ik al as jung Deern vun dröömt.
Man so`n Cabrio köst wat, en ganze Masse sogar. Un wenn Ji mal henkiekt: Meisttiets sitt dor en Fro in de Föfftiger binnen. Oder en Kierl mit griese Hoor oder to-minnst Geheimratsecken. Is ja kloor, dat is as bi de grooten amerikaanschen Motorrööd: Leisten kannst di de eerst, wenn du in en Öller büst, wo dat egens nich mehr passt. Bi de Kierls seggt veele: „Kiek di dat an - Midlife-Crisis!“ Denn denk ik: ‚Nee, dor is he al lang an vörbirast.’

Nu bün ik ja egens in dat Öller, wo ik en beten Geld in de Kass heff, viellicht kunn ik mi nu so`n smuck Auto leisten. Man jüst dat is dat Problem: Stell di mal vör, ik sett mi an`t Stüer vun mien smuck Cabrio, mit Sünnenbrill un Siedendook un fohr dör de Stadt. Un denn kiekt de Kierls achter mi her. De seggt doch: „Kiek mal - wat en smuck Auto. Un nich ganz billig. Man - de Ollsche, de hett ja middelwiel seker ok al wat op de hoge Kant...“. Dat will ik nich!

Ik bün nu in dat Öller, in dat ik mi so`n smuck Cabrio leisten kunn - man ik bün jüst ok in dat Öller, wo dat keen een mitkriegen schall, dat ik dat bün! Mutt ik wull noch en poor Johre töven op mien Droomauto. Bet mi dat gliek is, wat de Mannslüüd denkt. Wenn dat jemals sowiet kummt. Un bet denn gönn ik mi bi`t nächste Auto viellicht ja tominnst en Schiebedach. Vull elektrisch, versteiht sik.

Ut Kinner warrt Lüüd

Dat gifft twee Oorden vun Erziehung heet dat: De een, de diene Öllern di geevt, un de annere, de du di sülvens un dat Leven di bibringt. Man dat is nich jümmer en Fortschritt. De Schnack: „Wat Hänschen nich liernt, liernt Hans ok nich mehr" hett ok veel Wohrheit in sik. Ik will dat verklooren.

Wi harrn Abidrepen, na 30 Johren. Dat Beste dor an weer: Miene Fründin, de nu al lang in Italien leevt, weer ok dor. Gabi un ik harrn tosamen en Slaapstuuv in`t Hotel nahmen un hebbt us düchtig freut. Twars hebbt wi gor nich mehr so veel Kuntakt, man as dat mit wohre Frünn` is: Dat höllt för`t Leven.

„Duo Infantile" hebbt se us in de School nöömt - dat kindsköppige Poor, dat jümmer Spaaß maken dä un to`n Lachen nich in`n Keller güng, as een so seggt. Wi hebbt us gegensietig allens gönnt, weren jümmer een för der annere dor. Wi harrn den sülvigen Humor, de sülvigen Vörstellungen vun Gerechtigkeit un wo en sik benehmen schull to annere Lüüd. Wi hebbt nich över jedeen hertrocken un sludert. Us Instellung weer: Jedeen na sien Möög. Wi hebbt to keen Grupp grootartig tohört, wi harrn Kuntakt, kloor, man wi twee, dat de passen as nix. Un nu geev dat en groot Freud, as wi us na Johren weddersehn kunnen. Se weer jümmer noch `n Kopp lütter as ik (kunn ja nich anners ween), man nu harr se hoge Afsätz. „Eenmal wull ik di doch mal nich blots in`t Sitten in de Ogen kieken künnen," grien se. Wi hebbt us torechtmaakt un gackert un schnattert as de lütten Schooldeerns, de wi mal ween sünd. Un denn los to`n Abidrepen. Wat wull ut de annern worden weer? In`t Lokal heff ik denn Lüüd drapen, vun de ik gor nich mehr wüsst heff, dat ik mit de tosamen na School gahn weer. Man wi harrn us all veel to vertellen vun de Familien, vun`n Beroop - un vun fröher natürlich, un so weren wi all fix an`t Schnacken un Lachen. Man denn kemen twee Damens dorto - `n beten laat harrn se jümehren Optritt: „Wat, so fröh güng dat al los? Hebbt wi gor nich wüsst!" An düsse Twee kunn ik mi noch goot erinnern. Gabi ok. De harrn al in de School giern över annere hertrocken. Un wat schall ik seggen: Na fiev Minuten güng dat al los, dor hebbt se bi annere dortwüschensabbelt un weren wedder so totaal wichtig as domals. Se hebbt us taxeert, denn de Köpp tosamensteckt un tuschelt. Mit düssen Blick, den Lüüd blots hebbt, wenn se över annere schnackt. Nix Goodes, versteiht sik! Un kuum möss een vun de Grupp na Huus, de weer noch nich ganz buten, güng`t denn los bi de twee Sludertaschen: „Oh, wat harr de denn an? Hest düsse Hüften sehn? De weer aver nich schwanger, oder? In dat Öller?!“ Oder: „Also, düsse Brill - de weer doch ut de achentiger Johren, oder? Kasse, garanteert. Glasboosteen, as domals, düsse Brillenschlang!“ „Hest du Torsten sehn? Na, de weer ja noch nienich en Sportskanone, man de hett ja toleggt!“ Se weren natürlich rank un schlank un na de niegeste Mood antrocken.

Ok Gabi un mi hebbt se dusselige Fragen stellt, jümmer wedder hebbt se probeert, annere blottostellen, as in de Schooltiet!

Wi hebbt kontert. Man ik harr densülvigen Brast as domals. Liekers weer de Avend schöön - wieldat se us nix mehr kunnen. Wi weren nu groot un tofreen mit us Leven. De twee wull nich so, sünst harrn se dat ja nich nödig hatt, sik op Kosten vun annere so optospelen! Miene beste Fründin Gabi un ik sünd denn trüch in`t Hotel un hebbt faststellt: Ut Kinner warrt Lüüd - man gifft welk, de ännert sik nie. Wi hebbt noch lang schnackt un us as goot verstahn as fröher - dat harr sik to`n Glück ok nich ännert!

Vöruurdelen

„Ik heff keen Vöruurdelen." Düssen Satz deen wi all giern ünnerschrieven, oder? Un wi denkt ja ok meisttiets all, dat dat so is! Heff ik ok dacht. Man denn heff ik wat beleevt, dat weer in miene Studientied. Bi en Partyspeel: Een kiekt in en Fremdwörterlexikon na un söcht en sworet Woort ut. Jedeen mutt nu verkloren, wat dat wull bedüden kunn. Dat kann bannig lustig ween bet jichtenseen rutkriggt, wat dat würklich heet. De Döör geiht op, un en jung Kierl kummt rin un sett sik dorto. He is swatt. Stillswiegen. Wat nu? Wi köönt doch nich wiederspelen - Fremdwöör raden mit en Towannerten, dat geiht doch nich! Dor hett he doch gor keen Chance. Man Yaris - so heet he - fraagt: „Wat speelt ji denn?" Un as wi dat verkloort hebbt, seggt he: „Oh, dor bün ik dorbi!" So üm de foffteihn Lüüd denkt wull in düssen Ogenblick dat sülvige: „Wat maakt wi nu? Dat warrt doch pienlich för em!" Man wat schullen wi maken? Wi hebbt wiederspeelt. Dat tokamen Woort weer „exaltiert".

„Överspannt.“ „Stimmt.“
„Apokryph?“ „Unecht.“ Al twee Punkte för Yaris!
„Subliminal?“ „Ünnerschwellig.“ Dunnerslag, de Kierl weet dat allens ohn` lang to sinneeren. Un denn noch een: „Ressentiment.“
„Ja,“ Yaris is an`t Smuustern. „Ja, dat weet ik ok - dat heet Vöruurdeel!“
„Segg mal Yaris,“ fraagt een, „wo kummst du weg?“ „Ut Hamborg, worüm?“ „Och, blots so. Un wat maakst du so?“ Yaris grient. „Ik studeer. Spraakwetenschaft Germanistik.“
Den Avend heff ik nich blots Fremdwöör dortoliernt, sünnern ok dat: Männichmal is nix so, as dat schient. Un: Ik heff Vöruurdelen. Man af un an heff ik dat Glück, dat ik dat gewohr warr.

Feine Kollegen oder De Loopmasch

Se kummt jümmer denn
wenn ik`t nich bruken kann,
se fangt suutje an,
man denn geiht`an`t Renn`n!
Un denn geiht dat ganz fix,
dor kennt se nix!
Ik heff jümmer noch Hopen,
man se is besopen
vun`t Zentimeterfreten,
un ik kann nie weten:
Blievt se jichtenswenn stahn?
Kann ik wietergahn?
Mi warrt so bang,
se is al so lang.
Hört se nienich mehr op?
Un mi geiht dör den Kopp:
„Dat is en Verbreken“, un:
„Ik mutt mi versteken!“
Man ik nehm mi tosamen.
Dor mutt anners wat kamen
üm mi to stoppen,
ik laat mi nich foppen!

Ik loop dör`t Büro un fraag de Kollegen:
Nagellack, Kleber - dat mutt doch wat geven!
Man hölpt allens nix, ik heff verlorn.
Mi suust de Ohren.
Un nu kummt`t noch leger, as wenn`t nich al langt:
Dor steiht en Kollegin, nu ward mi bang.
De is heel op Zack un jümmer schick,
un ik weet wat nu kummt vun düsse Zick.
„Oh," seggt se luut. „Hest du al seihn?
Du hest dor wat in dien linket Been."
Un dat kribbelt un krabbelt an mi hoch -
Dunnerslag, wohen will dat Ding denn noch?
„Du," segg ik. „Ja, dat kummt ja mol vör,
un dat is ja ok gor keen groot Malheur."
„Man, hest du nich *na mi* glieks dat Drepen
bi`n Baas?"
Un ik denk so bi mi: „Wat büst du doch för`n
Aas!"
Se denn so schnippisch: „Ob em dat wull
gefallt..."
Un ik denk blots: „Glieks kriggst du een
geknallt!"
„Op dat Utseihn leggt he ja groden Wert."
Schall wull heten: Ik bün hier verkehrt?!
Oh, dor kummt he al, ik kiek op miene Fööt.
Un he so: „Och kiek mol, dat is ja sööt.
Se hebbt de Masch` ruut, wat, Fro Brüggemann?
Na, denn kummt Se mol rin, wi stött mal an

op Se ehr Beförderung, de heff ik in`n Sinn.
Un denn is wiss ok en niege Strumpbüx drin.
Fro ... äh ... Meyer? Hebbt se nix to doon?“
„Doch,“ seggt se, „Chef, egens schon.“
„Na,“ grient he. „Denn will ik mal hopen
nich blots Nagels lackeeren!“
Se deiht sik verfeeren,
un ik bün besopen
vun düssen grandiosen Sieg!
Goot, nu gifft`t in`t Büro wull Krieg.

Schietegal, ik hör, wo he den Schampus köppt,
wieldat bi mi de Masche löppt.

Överreguleert

Köttens weer ik in`n Beroop ünnerwegens, un in en lütt Hotel, dor geev dat ok en Sauna. Na so`n anstrengenden langen Dag is dat ja wunnerbor to`n Entspannen. Ik heff mi also den Bademantel antrocken, Badelatschen an de Fööt un bün rünner na`n Keller, dor schull de Sauna ween. De Gang weer kold, man een schull ja ok eerst in de Sauna in Sweet kamen. An de Döör hung en Schild: „Saunaordnung“. Un dor stünn ok an: „Saunieren nicht nach 21 Uhr“.

Weer al halbig negen, dor möss ik mi ranhollen, man toeerst mal kott de Regeln dörlesen. Nich dat ik noch wat falsch maken dä bi`t Sauneeren. Dor stünn:

„Vor dem Saunieren duschen!“

Dat versteiht sik ja nu vun sülvens. Ik will doch nich stinken as so`n Iltis.

„Nicht in Badebekleidung saunieren!“

Is ok kloor, ik will mi doch mienen niegen Bikini nich ruineeren.

„Kein Essen in der Saunakabine!“

Na, bi 89 Grad smeckt so`n Bodderbrot wull nich, un bi de Hitt schull een wull ok keen Schokolaadriegel in de Hannen hebben.

„Stets ein Handtuch unterlegen!“

Gifft dat Lüüd, de dat nich doot? De sik mit den nackten Moors op de hitten Planken vun de Sauna sett? Wat eklig, dat mag ik mi gor nich vörstellen!

„Nach dem Saunieren duschen!“

Also, wat glöövt de denn, keen se hier vör sik hebbt? Bi lütten weer mi nu bannig kold in düssen Kellergang. Man ik weer jümmer noch nich dör mit de Saunaordnung.

„Beim Hinausgehen verlassen Sie den textilfreien Bereich!“

Ja, dorüm stah ik ja hier mit en Bademantel. En Daunenjack weer aver ok grad nich verkehrt! Glöövt de denn, ik will as Nackedei dör dat Hotel na baben flitzen?

„Zwischen den Saunagängen ruhen!“

Un wenn ik dor nu keen Lust to heff? Bi lütten dä sik de Rebell in mi mellen. Toeerstmal mutt ik ja rinkamen in de Sauna, denn will ik mi giern an all de Regeln hollen. Nu weer ik aver ok meist dör mit den Text. Blots noch dat, wat so`n beten lütter druckt weer. Wat stünn dor? „Zum Aufheizen der Sauna bitte 2 Stunden vorher an das Hotelpersonal wenden.“ Wat?!

Ik kunn dat nich glöven, dorvun harrn se bi de Anreis doch wat seggen kunnt!
Nu weer dat ok al schietegal, na düsse Lektüre weert nu al veertel vör Negen, de Tiet harr also nich mehr langt. Ik harr dat ok gor nich mehr wullt! Wenn dat hier nödig weer, dat allens to reguleeren, wat dor op den Zetel stünn, denn harrn se wiss Erfohrungen maakt mit Gäst, de sik wiss gor nich dorüm kümmern deen, de weer dat doch schietegal, wo en sik benehmen schull! Un denn kunn ik mi vörstellen, wat dor binnen in de Sauna los weer.
Ik heff se vör Ogen hatt, nackig stinkend Lüüd mit fettige Fingers vun Bodderbrot un schokoladversmeert Muul, de mit den nackten Moors op`t Holt sitt.
Swien sünd dat, all sünd se Swien! In so`n Sauna gah ik doch nich rin! Un hitt weer mi nu ok so, vun`t Argern över en Saunaordnung, de di soveel Tiet klaut, dat du gor nich mehr to`n Sauneeren kummst!

Seker is seker

Kennt Ji dat ok, dat allens mit`n Mal in`n Dutt geiht? Vör twee Weeken weer ik mit`n Auto ünnerwegens, dor föhr en Firmenwagen vun en Installateur an mi vörbi. Un ik heff noch dacht: „Use Waschmaschien, de is ja all in de Johren kamen, wat en Glück, dat de noch funkschoneert.“ Harr ik dat man blots nich seggt! Twee Dag later weer dat vörbi un wi bruken en niege Waschmaschien. Dor heff ik mi noch nix bi dacht. Op den Weg vun`n Elektroladen na Huus mit de Reken vun de niege Maschien in de Tasch överhol mi wedder en Gas- un Waterinstallateur. As ik to Huus ankeem, weer dat kold. Schietkram, de Heizketel güng nich mehr. De Installateur keem un hett en niege Waterpump inboot. Dor heff ik al so to mi sülbens seggt: „Wenn dat so wiedergeiht, denn man Mahltiet.“ Man so richtig dacht heff ik mi dorbi jümmer noch nix. Denn hett mit eens de Telefonanlaag nich mehr funkschoneert, un dor full mi dat in: Annern Dag harr ik vör mi en Wagen vun de Telefongesellschaft hatt, „Störungsdienst“ harr dor opstahn. „Minschenskind,“ heff ik dacht. „Wat, wenn dat mien schlecht Karma is? Wenn düsse Handwarkerwagen jichtenswat utstrahlt, wat ik denn mit na Huus bring, so dat de Geräte twei gaht? Ach Gott, heff ik vörhen nich ok den Deerdokter sehn? Wo is denn blots use Katt?“

„Ach, allens Tüünkram!“, heff ik to mi seggt, man mi weer so`n beten bang tomoot.

Un denn weer ik wedder ünnerwegens, stünn an de rote Ampel un sinneer so vör mi hen, över schlecht Karma, un dat een reinweg avergläövsch warrn kunn. Tööv mal - wat weer dat denn - düsse groote swatte Wagen, de dor fohren dä? Wat stünn dor op? „Bestattungsinstitut Meyerbrink“! Oh nee, wenn dor nu doch wat an weer an de Geschicht mit dat Karma? Ik wull blots noch weg, schiet wat op de rote Footgängerampel, ik bün losrennt. Un heff noch dat Quietschen vun de Bremsen hört...

Tohuus heff ik denn glieks de Ünnerlagen rutsöcht - Gebäudeversekerung, Huusratversekerung, Krankenkass un - Levensversekerung. Un heff mi Kopien in de Handtasch steckt. Gegen dat schlecht Karma. Seker is seker.

Slaap goot, mien Lütt

Jung Öllern hebbt ja blots twee Chancen: Se kööönt op dat hören, wat de ölleren Generatschonen seggt - Moder, Swiegermoder, Grootmoder - oder se lest kloke Böker mit de niegesten wetenschaftlichen Erkenntnisse. Dat hebbt wi bi use eerste Deern maakt. Wi weren ja studeerte Lüüd! De Wetenschaft hett to de Tiet seggt: Kinner bruukt Rituale to`n Inslapen. Un de hett de Deern kregen, nich to knapp.

As miene Swiegermoder to`n eersten Mal to`n „Einhüten“ dor weer, hebbt wi ehr dat verklort: Toeerst mit dat Kind op`n Arm na den Hampelmann hen un tweemal an de Schnur trecken. Denn en Slaapleed vörsingen un dorbi schuckeln. Denn eenmal ut`t Finster kieken un den Mond wiesen. Dorbi „De Maand de is nu opgahn“ singen. Denn in´t Bett mit de Deern, twee Kuscheldeerten an jedeen Siet un de Speeluhr an mit „Slaap Kindchen, slaap“. Un denn, so as wi an jedeen Avend: Hopen, dat de Deern ok inslöppt.

Annerwies: Wedder rutnehmen ut de Puuch un dat Ritual vun vörn. Een schull se nich wach dor liggen laten, hebbt de Wetenschaftlers schreven, süsst kregen se an`n End noch en Slaapstuuv-Trauma, Verlassensängste un all so wat.

Wi sünd denn utgahn, so twee Stünnen in`n Lokal, man so richtig geneten kunnen wi dat nich. Wo`t wull tohuus weer? Ob Oma dat ok allens richtig maakt harr? Ob de Lütte wull slapen de? As wi trüch weren, weer dat lies. Wi hebbt glieks nafraagt: „Un, hett allens goot klappt mit dat Slaapritual?“

Swiegermoder keek us lang an un denn hett se seggt: „Ik heff de Deern in ehr Bett packt, todeckt, en Söten opdrückt un dat Licht utknipst.“ Wat hebbt wi us verfehrt! Un weren so wat vun argerlich. Wi harrn dat ja nu egens klormaakt, wat dor allens tohören dä, to dat Inslaapritual. Lang un breet harrn wi dat verkloort! Un nu dat! Eenfach in`t Bett rinleggt un dor trüchlaten, de arme Deern! „Un wat is denn passeert?”, hebbt wi fraagt - un dat weer al kloor: Dat düsse Oma avends noch mal op use Sööte oppassen dä, dat keem nich in Fraag!

„Wat denn passeert is?“, sä se. „Ik heff mi in de Wohnstuuv hensett un de Lütte hett slapen.

Deit se ja jümmer noch." Dunnerslag! Dor harrn wi nich mit rekent. Un kloor hett Swiegermoder denn doch öfters op use Kinner oppasst. Ok avends.
Meist sössteihn Johr later heff ik en Artikel lest: „Worüm Kinner keen Inslaaprituale bruukt." Wetenschaftlers harrn nu rutfunnen: Wenn du Babys an Rituale wennst, rümschleppst, mit Gesang malträteerst un so wieder - denn sloopt se jichtenswenn in. Ut reine Erschöpfung. Dree Stünnen later, wenn sik de lütten Öster `n beten verhaalt hebbt, sünd se wedder wach - un wullt dat Kumplettprogramm, denn geiht allens wedder vun vörn los. Stimmt. Dat kunn ik ut miene Erfohrung bestätigen. Un ik heff mi nu, Johre later, doch `n beten argert. Liekers: De Slaapleder kann ik jümmer noch utwennig, un viellicht bruuk ik de ja doch noch mal. Wenn ik mal Enkelkinner heff. Viellicht seggt de Wetenschaftlers denn ja wedder ganz wat anners to Inslaaprituale, un denn is dat doch goot, wenn miene Enkel en Oma hebbt, de sik mit so wat utkennt!

Proberen geiht över Studeren

Köttens weer ik inlaadt to en Geboortsdagsfier vun en Fründin. „Du muttst kamen,“ hett se seggt. „Dat sünd de Froons ut de feine Naverschaft, de mutt ik inladen, maakt en hier so. Man laat mi nich alleen mit düsse Wievers!“
Weer noch nich lang her, dat se mit jümehr Familie dor hentrocken weren, se harrn dat Huus vun ehr Swiegeröllern arvt, in so`n feine Ümgegend. Ik sitt also dor mittenmang düssen Trupp un luuster to. Dat Thema is: „Kinner“. Dat geiht dorüm, woveel wull Öllern ehr Kinner bibringen schullen un woveel de vun sülvens liernen mössen. Se regt sik op över düsse Helikopteröllern, as de nöömt warrt, de jümehr Blagen nich een Sekunn ut de Ogen laten köönt, jümmer achter se her sünd, sik üm allens kümmert: Dor köönt de Kinner sik doch gor nich entwickeln, seggt se, un warrt nienich sülvstännig. Kinner mössen doch ok liernen, neeschierig to ween un wat utproberen! Proberen geiht doch över Studeren, so is dat!
De Dralle mit de Brill op de Nees fangt denn

an un vertellt: „As lütte Deern kunn ik gor nich noog kriegen vun Geschichten. ‚Mama, Papa - leest mi wat vör - biiiiitte!‘ heff ik jümmers pliert. Nu harrn miene Öllern noch wat anners to doon as jümmerto vörlesen. Man ik harr en Fründin, de güng al na Schaul hen. Dor heff ik mi denn wull wat afkeken un heff mi dat Lesen sülvens bibrocht.“

„Kiek an,“ seggt en annere mit en schicken Büxenanzug un hoge Hacken an de Fööt. „Dat weer doch goot, un dor kunnst du ja ok stolt op ween! So as us Jung, de harr sien eerst Fohrrad kregen. Un nu wull he den ganzen Dag, dat ik mit em öven dä. Jümmer de Straat op un daal rennen - dor harr ik wull ok keen groote Lust to, un denn hett he so lang probeert, bet he sik dat sülvens bibrocht harr un he weer so stolt!“

„Kiek an,“ seggt wedder en annere. Vun de heff ik al mitkregen, dat se nich so plietsch is. „Un een vun miene Deerns, de wull partout reken liernen, noch vör de Schooltiet. Dor heff ik ehr so`n Ding, wo heet dat noch - also so`n Rekenschieber - ach ja, Abukas heet de glööv ik - henstellt un en Billerbook mit Tallen un heff seggt: ‚Ik heff nu graad keen Tiet, kannst ja mal sülvens utproberen.‘“ „Un?“ „Hett en poor Weeken duert, man as se denn na School

güng, hett se fix Reken liernt. Un ik bün seker, se harr sik dat sülvens bibrocht.“
„Kiek an,“ seggt de mit de langen Fingernagels, för de se wiss bannig veel Tiet bruukt, so as de lackeert sünd in dree Farven mit filigraan Blomenmuster. „Miene Dochter wull mit eens Häkeln liernen. Stellt ju dat mal vör - H ä k e l n! Op so`n oltmod´schen Kram harr ik ja nu gor keen Lust. Ik heff ehr en Anholt ut dat Internet utdruckt, op de dat optekent weer, un heff seggt: ‚Ik heff keen Tiet - man kannst ja mal utproberen, wo dat geiht.‘“ „Un?“ „Hett klappt. Na dree Daag kunn se häkeln un ik weer fein rut. Blots dat ik siet denn jümmer düsse krumpeligen Puttlappen to`n Moderdag krieg.“
Dat geiht noch en ganze Tiet so. Ik segg nix, miene Fründin seggt nix, af un an kiekt wi us blots an. Jüst as de Froonslüüd wedder faststellt hebbt, dat Proberen wiss över Studeren geiht, geiht de Döör vun de Wohnstuuv op un de Dochter vun miene Fründin kummt rin. De is veerteihn. De Froons kiekt ehr an. Een vun jüm seggt: „Hallo, du ik glööv, diene Mutti hett nu jüst keen Tiet, sühst ja, dat wi hier an`t Schnacken sünd.“
Man miene Fründin fragt: „Wat is denn? Hett dat noch en beten Tiet oder is dat wichtig?“

„Naja," seggt de Deern. „Wi harrn in de School Bio, morgen schrievt wi dor de Klassenarbeit. Sexualkunde. Dat weer vundage heel interessant, dreih sik ok üm Verhütung un so, kiek un dor heff ik een Saak nich so recht verstahn, un dor wull ik di mal wat fragen - man, is ok nich so wichtig."
„Doch!" seggt miene Fründin. „Doch, is dat! Dor mööt wi nu glieks över schnacken!" De annern Froons kiekt ehr an, keen seggt mehr wat. Se denn: „Ja, deiht mi leed, schön, dat ji all hier west sünd, man nu is de Fier vörbi. Ik heff nu wat to doon, dat hebbt ji doch mitkregen! Ik mutt miene Dochter wat verkloren. Dat gifft nämlich Saken, dor geiht Studeren wiss över Proberen!"

Wenn de Katt Geboortsdag hett

Uns Kater hett nu bald wedder Geboortsdag. Un de Kinner un ik fraagt us, wo wi Paul, so heet he, en lütt Freud mit maken kunnen. Also heff ik dat so maakt as jümmer, wenn de Geboortsdag vun en Kierl ansteiht un mi fallt nix in: Ik heff in`t Internet nakeken. Man dütmal nich ünner „Ehemann, Geburtstag“ sünnern ünner „Katzengeburtstag“. Dor hett en Kattenfründ en Vörslag maakt: Wenn de Samtpoot jümsien Ehrendag hett, denn maakt Se em doch en Freud mit en Schnitzeljagd. Een schull en Band dör en Stück Flesch oder Fisch trecken un mit dat dör den Goorn lopen. Dat harr ik al mal utprobeert, funkschoneert hett dat nich: Paul hett achter mi herkeken, sik vör sien Freetnapp sett un aftöövt bet ik eenmal rüm un wedder trüch weer. Ut de Pust un frustreert. Goot find ik, dat se tominnst seggt: Wenn ji en Stubenkatt hebbt, denn nehmt mal lever keen Fisch oder Flesch, kunn sünst `n beten afsünnerlich rüken in de Wohnstuuv.

Man as ik denn „Katzengeschenk“ intippt heff,

dor bün ik fündig worrn. Du glöövst dat nich, liekers is dat wohr: Dat gifft Kattenfilme. Also Filme för Katten! DVDs! „Katzen-TV“ heet een, „Katzenspaß“ en annere. „Katzenfernsehen erfreut sich immer größerer Beliebtheit“, steiht in den Werbetext. Un wat dat in de USA för Kattensitter al lang Standard weer.
Düvel ok - en Kattensitter? Wenn wi mal weg sünd, denn kummt de Naber eenmal an`n Dag to`n Füttern. Dat langt. Neeschierig weer ik denn doch un wull weten, wat denn op düsse Katten-DVDs op is. Oh - Kattenbabys, de schnurrt un maunzt! Möven, de kreischt un Aanten, de schnattert! Eekhörnchen un Kaninken rast dor över de Wisch, Libellen un Bodervagels flattert di üm de Nees. En Paradies in Endlossloop. Dat is ja nich blots wat för de Katt, dor hett ok de Kattensitter Freud an! Ob dat wull funkschoneert, heff ik mi fraagt. Schuuvst so`n DVD rin, un denn schall sik dat Deert för de Flimmerkist setten un tokieken, wo de Welt buten utsütt?
In`t Internet kemen denn noch Biller op mit Werbung, dor kunnst Katten-Knabbertüüch bestellen. Kääscräckers, oder Knuspermix „Grillspaß“ un „Strandspaß“ oder glieks den „Partymix“. Un hol di fast - Fitnesswater för de Katt gifft dat ok noch! Also, ik glööv, wenn sik uns

Paul en poor Stünnen lang to`n Filmankieken op`t Sofa posteert un mit Knabbertüüch vullfreten hett, denn hölpt ok keen Fitnesswater mehr. Un wat in düsse Films wiest warrt, kann he meist allens buten in`n Goorn sülvst beleven - live un in Farv. So`n DVD weer reinweg för de Katt, oder even grad nich. Paul is en Kierl - wenn he wat in`n Feernseher mit ankieken mag, denn is dat Football!

Flatrate

Viellicht kann sik de een oder annere an de Tiet erinnern, as dat bi`t Telefon noch keen „Flatrate“ geeven dä? Wi weren dree Kinner tohuus, in`t beste Sabbelöller, un hebbt giern Kuntakte pleegt to unse Fründinnen un Frünn. Dor sünd de Telefoneinheiten man blots so rattert, un miene Öllern hebbt sik jichtenswenn nich anners to hölpen wüsst as mit en lütt Slott an de Wählschiev vun`t Telefon. Möss een jümmers fragen: „Darf ik mal telefoneeren?“ „Mit wem?“ Och Mensch, dat güng ja de Ollen nu egens nix an. Vör allem denn nich, wenn`t een vun`t annere Geschlecht weer. Mit dat Slott harr de Telekommunikaschoon den Reiz verloren.

As een denn vun tohuus uttrocken weer, keem de aver trüch. In miene Studientiet heff ik giern telefoneert, stünnenlang harr ik sabbeln kunnt. Man dor möss ik dat ja sülvens betahlen un harr nich veel Geld. To`n Glück geev dat denn düssen Nachttarif, dormit weer`t beter. Un denn heff ik ok männichmal bi Nacht twee,

dree Stünnen an`n Hörer hungen. Annern Dag in de Uni weer ik natürlich in`n Mors. To mööd. Harr ok siene Nadeelen.
Un hüüttodaags hebbt wi nu de „Flatrate“. Eenmal betahlen un denn sabbeln soveel as du magst - oder as de annern dat uthollt. Wat kunn dat schön ween! Ok de ölleren Semester gefallt dat goot. Kööont de Kinner sik nich mehr rutschnacken, wenn se nich oft noog anropen doot vun wegen is to düer, dat treckt nich mehr. Oder se ropt sülvens an, un dor sünd Öllern ja gnadenlos. Fraagt viellicht an`n Anfang noch: „Hest jüst Tiet?“ Un du seggst: „Egens passt mi dat nu nich so.“ Man dat kannst di sporen. Wenn dat wichtig is, geiht de Schnack wieder, un dat is gediegen: Dat is jümmer wichtig.
Düsse Flatrate hett ok Nadeele. Wieldat nu, wo ik mi dat leisten kunn, lang un veel to telefoneeren - dor fehlt mi dat, wat ik dorför noch bruken dä: De Tiet!

Rabattterror

Vun miene Öllern weet ik noch vun de Tiet as dat Rabattmarken geven dä. Ik sülvens kann mi dor nich mehr an erinnern, man hüüttodaags hebbt wi ja reinweg Rabattterror!
Ik heff Kunnenkorten vun den Supermarkt, vun twee Koophuusen, twee Klamottenfirmen, vun en Schohgeschäft, en Sportgeschäft, en Parfümerie - un noch `n poor. En Överblick heff ik al lang nich mehr.
De krallt di ja jümmers, wenn du jüst an de Kass büst: „Hebbt Se al en Kunnenkort? Nee? Wenn Se de nu nehmt, kriggt Se vundage teihn Prozent Rabatt!“ Un wieldat ik en sporsamen Minschen bün, ünnerschriev ik. Un sitt binnen, in de Rabattfalle: Vun de een Firma kriggst du Mails to „besünnere Akschoonen“, wo du wedder bi sporen kannst - wenn du wat *köffst*. Vun de annern kümmt Post: „Rabattgootschien, teihn Euro, gültig bet ....“ - meist is dat en verdammt kotte Frist, muttst glieks losrennen un *inköpen*, sünst is dat schööne Geld weg.

Figgeliensch is dat ok mit düsse Punktesammelee: Wenn du nich de drütte Plastikdrinkbuddel hebben willst, sünnern, seggt wi mal, en niegen Mixer, denn muttst diene Punkte insetten un: ordentlich *dortobetahlen*. To lang ansammeln kannst de Punkte aver ok nich, de hebbt en Verfallsdatum! Denn gifft dat noch en Extra-Gootschien to`n Geboortsdag. Mit Frist. Un en Mindestsumm, för de du *inköpen* muttst un för de de Gootschien nich langt.
Un denn gifft dat noch „Sünnerakschoonen" in de Geschäfte, wenn du diene Kundenkort dorbi hest, versteiht sik. Nu heff ik al so veele vun düsse Plastikkorten, dat de nich mehr in mien Knipp rinpasst, för de heff ik al en besünnert Etui. Un as dat as Fro is: Ik heff ja nich blots een Handtasch, mit de ik losgah, dat wesselt ja ok mal. Un kannst op wetten: Wenn so`n besünnere Gelegenheit to`n Sporen bi`t Inköpen is, denn heff ik allens in de Tasch umrüümt, de ik bi mi heff. Blots dat Kunnenkortenetui nich. Dat liggt tohuus. Un denn hett` sik wedder wat mit Sporen.
En Tiet lang bün ik jümmer losrennt, wenn ik so`n Gootschien kregen harr, de schull ja nich verfallen, un denn heff ik wat köfft, vun dat ik dacht heff, ik kunn dat bruken. Wo oft harr ik

falsch dacht. Nu maak ik nich mehr mit! Düsse Rabatte warrt mi to düer! Ik heff nu en niege Strategie: Wenn mi wat infallt, wat ik würklich bruken kann, denn schriev ik dat op. Un wenn denn dat passende Rabattangebot kummt, denn gah ik inköpen. Heff ik mi so överleggt. Funkschoneert aver nich so recht, heff ik markt. Wenn to`n Bispeel de Schohladen nich to rechte Tiet mit en niegen Gootschien röverkummt, denn is de Summer vörbi, wenn ik Sandalen köpen gah un de Winter, wenn ik Stevels mit Rabatt köpen kunn.
Wo weert denn mit düsse Idee: Ansteeg vun düssen Rabattterror kunnen de Geschäften doch eenfach de Priesen för all Kunnen so`n beten rünnersetten, dat ganze Johr över. Ik glööv, dor harrn wi all mehr vun as vun düsse lütten Plastikkorten un Gootschienen, de du nie dorbi hest, wenn du se bruken kunnst!

Klimaausgleich im Hotel

Köttens heff ik mi in`t Internet en Hotel rutsöcht. Dor kannst ja utwählen, ob du en Duppelbett oder blots en enkelte Stuuv brukst, „Standard“ oder „Komfort“ un so wieder.
Nu kunn een ok „Extras“ dortoboken: En Buddel Mineralwater to`n Bispeel - bruuk ik nich, heff ik egens jümmer dorbi. Oder en Buddel Sekt för 19 Euro. Hausmarke. Heff ik nich jümmer dorbi, man bruuk ik ok nich. Un denn weer dor wat, dat harr ik noch nienich seihn: „Klimaneutral übernachten“. En „CO2-Utgliek“ kunn een dortokriegen. För 1,62 Euro. „Bei Ihrer Übernachtung entstehen CO2-Emissionen in Höhe von 72 kg“ möss ik dor lesen. Dunnerslag!
CO2 - is dat nich dat Gas, wat tostann kummt, wenn een... . Also seggt wi mal so, bi de Köh is dat Methangas wat dor rutkummt, dat driggt to den Klimawannel bi, dor heff ik ja al mal wat vun hört. Un bi us Minschen is dat denn wull Kohlendioxid, CO2?
Man wenn ik nu een Nacht in de Puuch ligg -

dat kööönt de vun dat Hotel doch gor nich weten, woveel CO2 - also, kummt ja ok op an, wat ik vörher eten heff. Zibbeln to`n Bispeel sünd wull nich goot, köst dat denn noch mehr? Denn schullen se doch nich ok noch Mineralwater verköpen, dor is doch ok Luft binnen, de wedder rutmutt! Man 72 Kilo Kohlendioxid? Wo schull ik de denn wull ünnerbringen?
Ik weer al in Brast, denn heff ik „Weitere Informationen" ankeken. De Emissionen, för de ik betahlen schull, de weren gor nich vun mi! Sünnern vun de Heizungsanlaag, vun`n Strom un so wieder, wat in so`n Hotel even verbruukt warrt. De Kosten hebbt se op een Person ümrekent. Un düsse Ümlaag, also miene 1,62 Euro, de schullen denn as Spende an en Ümweltprojekt betahlt warrn.
Na, dor weer ik ja beruhigt. Un heff mi doch noch en Kribbelwater dortobestellt.

De Keenreakschoon

En Keenreakschoon is na den Duden en Ereignis, dat utlöst warrt dör en „gleichartiges Ereignis“. So`n Keenreakschoon harr ik annerlest. Ik wull blot mal fix de niege Gardinenstang in de Schlaapstuuv andübeln. Dor stünn ik op de Ledder - un as ik mi so ümkieken dä, kreeg ik de Schappen vun baben to seihn. Also fix de Gardinenstang andübelt, den Dreck wegmaakt, un denn mit de Ledder un den Huulbessen ran an de Flusen baben op de Schappen. Un mit en Lappen achteran.

De Lappen full daal, un as ik mi bücken dä, kreeg ik mit, wo dat ünner dat Duppelbett utseihn dä. Also: Wischlappen, en Stang, un över den Boden robbt. As ik mi wedder in en oprechte Positschoon quälen dä, kreeg ik to seihn, wat achter de Nachtkommod los weer. Huulbessen her, ran dor.

Nu weer ik in`n Putzrausch. Ik heff de Bettkästen reinmaakt, de Döören vun`n Schapp wienert, denn heff ik mi op de Ledder stellt un dor ok noch mal rinkeken - ganz baben ganz na achtern. Allens utrüümt, putzt un wedder inrüümt. Nee - nich allens - ik heff glieks mal dörsorteert, wat old weer, nich mehr passen dä un wat ik an mienen Leevsten al lang nich mehr seihn wull.

Na en poor Stünnen weer ik fartig. Fix un fartig. Man de Schlaapstuuv weer so wat vun rein un oprüümt! Keem mien Kierl rin un fraag: „Na, hest de Gardinenstang fastkregen? Hest aver ganz schön för bruukt, wat?"

„Nee," sä ik. „Ik harr en Keenreakschoon."

„Wat?" „Versteihst du nich. Fallt di nix op?"

„Ja, de Stang sitt nich ganz akkurat, man wenn de Gardinen dor wedder an sünd, denn fallt dat wull nich op." Un so güng se wieder - de Reinemaak-Keenreakschoon: Ik heff den Kierl den Kopp wuschen, aver so wat vun!

Internetwerbung

Dat Internet hett ja bannig veel Vördeelen: Een kann so schön Saken söken un mutt sik dorbi nich de Hacken afrennen. Man mit Privatsphäre is dor ja nich veel. Köttens wull ik för miene Mutti mal nakieken, wat dat denn so för Hölp to`n Lopen gifft, wenn een al `n beten wat öller is. So`n Hackenporsche to`n Inköpen oder en Rollator. Se is noch goot op`n Padd, man rechtietig informeeren schaad ja nix. As ik annern Dag wedder in`t Internet rin bün, heff ik mi so verjagt: Ik heff blots en Siet anklickt, un mit eens harr ik dor wull föffteihn groote Biller vun Rollatoren!
Ik heff mi al öfter argert över düsse Anzeigen, de automatisch koomt, wenn du mal wat söcht hest. Eenmal weer bi us wat mit de Elektrik in`t Huus nich op Steeg - dor heff ik jichtenswat mit „Kontakt“ söcht. Bi`t nächst Mal harr ik denn „Vermittlung mit Herz“, „Partnerbörse“ un all so wat op den Bildschirm.
Man dat leegste, wat mi bet nu passeert is, weer dat hier: Ik sitt avends tosamen mit

mienen Kierl in de Wohnstuuv, he stellt den Computer an un will wat in`t Internet söken. He kiekt op de Kist, dreiht sik ganz sutje na mi hen un seggt: „Schatz, mööt wi över wat schnacken?“ Ik segg: „Nee, worüm?“ Dor dreiht he de Kist to mi hen un wat is op den Bildschirm to seihn? Werbung för Pillen, de de Manneskraft steigert. Un he kiekt mi lang an un swiggt still.
Ik kann mi dat toeerst nich verkloren, man denn mutt ik grienen. Mi is dat wedder infullen, man ik segg: „Tja, kannst mal seihn, wat dat Internet allens weet.“ He seggt jümmer noch nix. „Man“, segg ik. „Dat Internet kann sik ok mal irren. Ik heff hüüt use Dochter bi Mathe holpen. Un de hebbt jüst dat Thema ‚Potenzrechnung’. Allens goot, Schatz!“

Flirtkompass

Wenn dat üm Deerns anschnacken geiht, denn sünd de Kierls ja nich jümmers op den richtigen Weg. Wat mutt een sik as Fro in all de Johren doch anhören! Egens kunnst di ja freien, wenn du noch anschnackt warrst, man ik segg mal: Ok bi`t Flirten kummt dat so`n beten op de Qualität an. Un dor gifft dat noch Verbeterungsmööglichkeiten, glööv mi dat. Dor möss mal so`n echt Qualitätsmanagement ran. Bispeele? Heff ik, noog dorvun!
Dor kummt denn to`n Bispeel op en Fier so`n Kierl an, grient un seggt: „Du hest de schöönsten Ogen vun de Welt!“ He denkt: `Nu is allens kloor´. Du denkst: `Ach ja? So schön as de vun de annern fiev Froonslüüd, bi de du hier grad vörher afblitzt büst, wenn ik dat richtig mitkregen heff?´
Oder een seggt: „De Himmel mutt blarren.“ „Wieso?“ „Wieldat grad en Engel rünnerfullen is un för mi steiht!“ Un he denkt: `Wat bün ik doch för`n Romantiker! Nu is allens kloor!´ Du denkst: `Gah mi af mit so`n Schmalz!´

Denn gifft dat de Lustigen, de sünd ok nich beter: „Ik heff miene Telefonnummer verloren, kann ik diene hebben?“ `Wat bün ik för`n infallsrieken Kierl!´ denkt he. Un du: ‚Hol di en Telefonbook, dor staht noog Nummern in. Mien to`n Glück nich!’ „Glöövst du ok an Leevde op den eersten Blick? Oder schall ik noch mal vörbikamen?“ Un he denkt: `De heff ik in de Kist, dat is seker.´ Un du: `Nee. Wedderholungen sünd nich blots in`t Feernsehen langwielig.´ „Ik heff mienen Schlötel vergeten, kann ik mit di na Huus kamen?“ Wo driest is dat denn? Dor gifft` blots een Antwort: „In jung Johren al so tüdelig? Wo schall dat later eerst warrn? Nee, besten Dank.“ Man dat is noch nich allens. „Sünd diene Öllern Terroristen? Du büst so scharp as en Bomb!“ „Ja, un de explodeert glieks, wenn du nich bi dree vun`n Acker büst!“
Man dat geiht noch leger. „Ik bün so schlecht in`t Bett, dat muttst du beleven.“ „Danke. Wenn diene Qualitäten dor so sünd as de vun diene Kommunikaschoon, glööv ik dat ok so.“ Wat is denn los mit de Kierls? Wat is mit de Kumpelmenten? Mit ümgarnen, wat to drinken utgeven, sik rantasten, so`n beten Bescheidenheit? Froonslüüd sünd doch nich blöd! De Jungs schüllt doch bi de Wohrheit blieven!

Kierls, wenn Ji en Deern kennenliernen wüllt un iernsthaftig Interesse hebbt - denn schnack de Deern an un seggt: „Du gefallst mi, ik möcht di giern kennenliernen!“ Un denn köönt Ji Kumpelmenten maken. So as „Ik mutt di de ganze Tiet all ankieken, ik find di so sööt.“ Man oppassen! Wenn se denn fragt: „Wieso, wat is denn so besünners an mi?“ - denn laat Ji wat infallen. Un denn is dat ok mit de Ehrlichkeit nich mehr ganz so wichtig.

Köter un Erotik

Köttens weer ik mit miene Fründin Anke spazeren. De is jüst wedder Single. En schworen Fall, se hett dat nich so mit de Kommunikaschoon. „Weetst du wat?“, segg ik to ehr. „Wenn du en Kierl kennenliernen willst, denn muttst du di en Hund toleggen. Kiek mal - dor sünd en Masse Kierls mit Hunnen ünnerwegens. Wenn joon Hunde sik beschnuppert, denn kannst du den Kierl beschnuppern.“
„Naja,“ seggt Anke, „mag ween, aver ...“ „Nix aver,“ segg ik. „Kannst to`n Bispeel seggen: „Oh, wat en sööten Kierl“. „Wat?!“ „Naja, to den Hund natürlich!“ segg ik. „Kannst fragen, wo old he is...“ „Is dat nich to direkt?“ „Anke, wo old de Hund is!“ „Ja, aver...“ „Nix aver! Un denn kannst em ok fragen, wat för en Rass he tohört...“ - „Wenn dat en Asiat oder en Swatten is oder so, denn süht een dat doch!“ „Anke, de Hund. Boxer, Pudel, Dobermann.“ „Ach so.“ „Ja,“ segg ik, „un denn gaht ji tosamen wieder, du kannst em mal strakeln...“ „Glieks strakeln?“ „Den Hund, Anke.“ „Ach

so.“ „Ja,“ segg ik, „kiek mal - de sexy Kierl dor mit sienen sööten Fiffi to`n Bispeel. Stell di dat mal vör. Du strakelst den Hund, he strakelt em ok, denn berührt sik joon Fingers...“ „Ja...“, seggt Anke un kummt in`t Sinneeren. „Denn sünd ji ganz dicht tohoop mit de Köpp, un denn....“ „Un denn?“ Nu is se dorbi! „Naja, denn strakelt he di viellicht ok so ganz sacht över de Hoor, dat knistert, dor is Erotik binnen - un viellicht ja de groode Leevde?!“

Twee Weeken later röppt se mi an. „Ik heff mi en Hund utlehnt, dat kann losgahn. Kumm vörbi!“ Also sünd wi los op de Hundewisch. Weren en Masse Lüüd ünnerwegens, ok Kierls mit Köter. „Och kiek mal,“ seggt Anke. „De dä mi gefallen. Süht goot ut. Un de Hund is ok ganz nüüdlich.“ „Na, denn man to!“ „Wat schall ik maken?“ „Anke, du geihst na em hen, de Hunnen beschnuppert sik, du seggst em goden Dag, schüttelst em de Hand, strakelst sienen Hund un so wieder. Spannung, Knistern, Erotik. Nu los, sünst is he weg.“

Anke seggt: „Kiek mal, he geiht sogar in de Hock rünner to sienen Hund, och dat is aver wat sööt! Dat is wiss en ganz leven Kierl!“ un marscheert los. Ik kiek mi dat an un roop noch achter ehr her: „Anke, tööv mal! Kumm trüch!“ Man se is op`n Padd, ik krigg noch mit, wo ehr Lippen dat Woort „Erotik“ formt, denn is se ankamen, de Hunnen beschnuppert sik, se seggt wat to den Kierl, streckt de Hand ut - verdattert kiekt he na baven to ehr un streckt ok sien Hand ut.

Anke langt to, un de Hand is warm un week un dat knistert - vun de Plastiktüüt, de he sik övertrocken harr, üm ... „Oh, so`n Schiet!“ segg ik luut. „Schaad, en netten Kierl, man dat mit de Erotik kannst wull vergeten.“

Partyferkel

Wi hebbt Frünn inlaadt to`n Grillen. Nu heff ik mienen Kierl losschickt. Inköpen. He harr sik all sülven en Zetel schreven: Bratwost, Semp, Broot, Beer. Nu kaamt aver ok Froonslüüd, un dorüm heff ik noch wat dortoschreven: Tomaten, Mais, Grillkääs, Garnelenspieße, Dip, Salat, Prosecco. Un denn full mi dat wedder in, ik harr so`n Reklaam an de Schlachterthek lest: „Partyferkel - mit Kopf, ohne Knochen, fertig gewürzt". Dat weer doch mal ganz wat anners, wi hebbt ja ok en Spieß för den Grill, also heff ik dat ok opschreven: „Een Partyferkel". Un heff mi vörstellt, wo Heidi, Marlies un Doris ut de Wäsch kieken warrt, wenn se dat to sehn kriggt! Dor mööt se sik wat infallen laten, wenn se denn inlaadt to`n Grillen in de tokamen Tiet!

Man nu bün ik bang. Ik harr mienen Kierl dat viellicht noch verkloren schullt, wat dat op sik hett mit dat „Partyferkel". Bi Mannslüüd kannst ja nienich weten. Viellicht denkt he sik dor ganz wat anners bi! Mal nadenken, wat

kunn dat för em ween, so`n Partyferkel? Uwe! Sien Fründ Uwe, wenn de en beten toveel Lütt un Lütt hatt hett, denn fangt de an mit Tüünkram vertellen, un dat hett jümmer wat to doon mit Froons un Kierls un ferkelig is dat wiss, dat kannst mi glöven. Dorüm heff ik em dütmal ok nich inlaadt.
Partyferkel... op wat för`n Idee kunn mien Kierl dorbi wull noch kamen? Hinnerk! Hinnerk hett Söög, un een vun de hett grad Lütte kregen. De warrt doch nich - ach wat. En lebennig Swien warrt he nich halen, he is ja keen Döösbartel.
Liekers... Annerlest Week, bi`n Junggesellenafscheed in`t Naverdörp, dor harrn se ja en Stripperin inlaadt. Dat weer ja wull ok so`n Oort „Partyferkel“. Wenn he nu keen Idee hett, wat ik meent heff mit „Partyferkel“ un mag aver ok nich fragen, tominnst mi nich, Kierls sünd ja männichmal so gediegen - un denn röppt he en Fründ an un seggt: „Du, vun wegen dat Grillen vunavend, wat is denn egens en Partyferkel un wo krigg ik dat wull?“, un denn is dat naher een vun de, de bi den Junggesellenafscheed dorbi weer - oh nee, ik stell mi dat grad vör: Wi sitt dor bi us in`n Goorn, sünd an`t Grillen un Schnacken, de Kierls mit ehr Buddel Beer, wi Deerns mit `n Glas Pro-

secco, denn hört wi en Auto op de Straat, de Goornpoort geiht op, Musik geiht an, un denn kummt dor so`n Froonsminschen un fangt an un treckt sik ut, in usen Goorn! Ja, dat dä em wull toseggen un de annern Kierls ok, düsse ... düsse Partyferkel!
Un denn Heidi, Marlies un Doris - ja, dat weer denn wull mal wat anners, dor köönt se nich mithollen, wenn se inlaadt to`n Grillen tokamen Week - man ik glööv, de deen us ok gor nich mehr inladen, tominnst wenn dat na de Froonslüüd geiht. So as ik Uwe nich mehr inlaadt heff, dat ole Ferkel. Ik mutt mienen Kierl anropen, ik mutt em ophollen!
Schiet, he geiht nich ran. Mailbox.
„Schatz!“, bölk ik in den Hörer. „Dat dä di wull gefallen, man dat kummt mi nich in de Tüüt - keen Partyferkel, versteihst du mi? Du organiseerst keen Partyferkel! Ünnerstah di!“
Na, wenn dat man blots goot geiht. Bratwost un Beer harrn ja ok langt op`n Zetel.

De Loofpuster

Wenn de Harvst kummt mit de bunten Bläder, de na un na vun de Bööm flattert, denn is dat sowiet: Nu köönt de Kierls ehr Kierlween wedder utleven. In`n Sommer geiht dat ja bi`t Grillen - wenn de Wost un dat Fleesch op de hitte Gloot brutzelt, denn hebbt de Kierls dat Geföhl vun Freeheit un Aventüer. De Grilltang is ehr Zepter, mit dat se regeert.
Man de Tiet is denn ja vörbi. Ok de Motorrööd vun de ganz harten Jungs kummt denn in de Garaasch. Un för de noble Cabriofrakschoon un de Sportwagen is ok Schluss. Wo köönt se denn noch wiesen, wat för dulle Kierls se sünd - stark, riek - oder allens tohoop?
Dat geiht blots noch buten - mit en Loofpuster! Hett en Motor, maakt Larm, un gifft Macht! Dor mööt Ji blots mal op achten, wenn so`n Kierl mit en Loofpuster ünnerwegens is üm dree Bläder vun`n Bürgersteig na de Straat hen to verfrachten. Un en Masse Dreck un lütte Stenen, de denn, wenn du grad vörbifohrst, an dienen Autolack klattert! Hebbt Ji in düssen

Momang mal den Utdruck op sien Gesicht mitkregen? „Macht!“ Ok in`n egen Goorn is dat so. In miene ganze Naverschop kannst du se hören - de Höllenmaschinen, de allens wegpustet, wat jüm in de Mööt kummt.
Un denn stolzeert de Kierls dor lang, den Loofpuster fast in`n Greep, un se schwenkt dat lange Rohr vör sik hen un trüch, hen un trüch. Nu segg mi noch een, dat dat nix mit Potenzgehabe to doon hett. De Loofpuster, dat is in`n Harfst de leste Bastion vun Männlichkeit, dat is dat Rachesweert vun de Lüüd vun de Straatenreinigung, dat is de Ferrari vun`n lütten Mann. So en Loofpuster, dat is de Viagra vun de Hobbygärtner!
Also ik frei mi ja jümmers op`t Fröhjohr. Denn is de Loofpusterlarm vörbi - un denn is dat wedder Tiet för mienen Hochdruckreiniger.

De Bostgalerie

Köttens heff ik wat över en Künstlerin lest, de maakt mit Gips Afdrück vun ehre Bost, bemalt de un hangt de an de Wand. Un se verköfft de ok!

„Kiek," heff ik dacht, „wat een nich allens to Geld maken kann." Man ok so bringt een dat ja op niege Ideen. Wi hebbt in us Diele ole Fotos to hangen, so`n Oort lütt Ahnengalerie. Sowat kunn een ja ok moderner henkriegen, mal mit de Tiet gahn. Vun de Ahnen, dat geiht ja nu nich mehr, man wenn ik nu anfangen dä mit so`n Bostgalerie?

„Is doch mal wat anners as jümmer de olen Fotos," heff ik to mienen Leefsten seggt. „Annere Lüüd hebbt ja Gemälde, dat köönt wi us nich leisten, man so`n poor Gipsafdrück, dat schull ik wull henkriegen. Is doch schick! Un wenn denn Besöök kummt kannst dor op wiesen: „Miene Fro, miene Döchter, miene Swiegermoder!" Bi „Swiegermoder" hett he sik so`n beten verfehrt, un he hett ok seggt, dat de Idee wull nich so goot weer. Dor heff ik fix seggt:

„Wenn`t unbedingt ween mutt, köönt wi de Bost vun diene Moder ja ok dortohangen.“
He weer jümmer noch nich övertüügt vun düsse geniale Idee. „Typisch Kierl,“ heff ik dacht. „He föhlt sik viellicht so`n beten torüchsett un is muksch.“ Dat schull ja nich ween, ik wull miene Bostgalerie! „Schatz, du kannst dor ja ok mit rin, in de Familiengalerie. Man, vun diene Bost dä ik den Afdruck nich nehmen, glööv ik - dor mössen wi wull een Etaasch wieder na ünnen.“
Weet Ji wat he dor seggt hett? He hett protesteert: „Nee, dat geiht nich!“ „Worüm?“, heff ik fraagt. „Büst wull to scheneerlich?“ Seggt he doch glatt: „Nee - man wenn wi dat maakt, also düssen Afdruck, un den an de Wand hangt - denn passt dor ja nix anners mehr hen.“ Is dat to glöven? Kierls!